I0146818

8o L.^{175}d.
180
y

ÉDUCATION MORALE ET CIVIQUE

BIBLIOTHÈQUE DE LA JEUNESSE FRANÇAISE

2e SÉRIE

L'ÉDIT DE NANTES

ET SA RÉVOCATION

(1598-1685)

Par JULES STEEG

Député de la Gironde

Nouvelle Édition

I-R

PARIS

LIBRAIRIE CENTRALE LES PUBLICATIONS POPULAIRES

H.-E. MARTIN, DIRECTEUR

45, RUE DES SAINTS-PÈRES, 45

1885

TOUS DROITS RÉSERVÉS

ÉDUCATION MORALE ET CIVIQUE

―――――

BIBLIOTHÈQUE DE LA JEUNESSE FRANÇAISE

―――――

DEUXIÈME SÉRIE

15625

Hh. 7021-C

Ld'75
180
A

L'ÉDIT DE NANTES

ET SA RÉVOCATION

(1598-1685)

PAR

JULES STEEG

Député de la Gironde

NOUVELLE EDITION

PARIS

LIBRAIRIE CENTRALE DES PUBLICATIONS POPULAIRES

H.-E. MARTIN, DIRECTEUR

45, RUE DES SAINTS-PÈRES, 45

1886

TOUS DROITS RÉSERVÉS.

Henri IV.

L'ÉDIT DE NANTES

ET SA RÉVOCATION

I

LA RÉFORME

Le xvi° siècle vit se produire un des
plus grands mouvements d'émancipation
des temps modernes : c'est la Réforme.

L'Eglise pesait alors d'un poids écra-
sant sur l'Europe. Elle prétendait exercer
à la fois le pouvoir temporel et le pouvoir

spirituel, diriger les consciences, régen-
ter les états, dicter l'obéissance aux princes et aux peuples. Elle se réservai
exclusivement le droit d'enseigner, assu
rant qu'elle possédait seule la vérité tou
entière, dans tous les domaines, religion
morale, science ou politique. Ayant la
force brutale à son service, elle avait fai
rentrer dans le silence toute opposition
elle était venue à bout des récalcitrant
par le fer et par le feu, par les supplices
la prison et la mort. Les victimes de sa
tyrannie étaient innombrables, comme
aussi les abus criants qui se commettaient
dans son sein.

Le clergé, pour la majeure partie, était d'une ignorance crasse ; à côté du clergé des paroisses, intrigant et débauché, une immense population de moines de toute robe pullulait dans les couvents, y croupissait dans la paresse et le désordre, faisant la guerre à toute tentative d'instruction et de progrès.

La religion chrétienne, si pure et si noble dans ses origines, n'était plus que superstition et idolâtrie. La foule ignorante était entretenue dans le fanatisme, tandis que les princes de l'Eglise se moquaient entre eux de la foi catholique.

Depuis de longues années, des soupirs de tristesse et d'indignation avaient monté vainement vers le ciel. A qui s'adresser pour la réforme des abus? Les chefs, qui en profitaient, n'étaient pas disposés à y couper court.

Abbés à la tête de couvents riches, évêques et archevêques gorgés de biens, seigneurs de vastes domaines et maîtres absolus de leurs vassaux, ne voulaient pas entendre parler de réforme. Le pape y était moins enclin encore. C'était un empoisonneur et un débauché comme Alexandre VI, ou un batailleur comme Jules II, toujours armé en guerre et prêt a verser le sang, ou un prodigue et un sceptique comme Léon X, qui ne demandait qu'à vivre tranquille dans le faste et la jouissance. Mais les temps allaient changer ; la lumière commençait à poindre, l'horizon s'élargissait, les auteurs anciens étaient retrouvés et étudiés, l'imprimerie était inventée, l'Amérique était découverte, les esprits s'ouvraient à des aspirations nouvelles. Peu à peu, sous ces diverses influences, un orage s'était formé qui allait éclater en Europe partout à la fois.

Sans se connaître, sans parler la même langue, sans se concerter, on vit surgi sur tous les points des hommes de cœur, résolus à tout braver pour s'affranchir et pour délivrér leurs contemporains du joug avilissant de la papauté. Les occasions furent différentes ; différents furent aussi les hommes et les moyens ; diverse fut l'issue ; mais partout le but fut le même : mettre un terme à la théocratie romaine et reconquérir à l'âme humaine sa liberté ravie.

C'est à Meaux que le mouvement commença en France, vers 1521. Deux prédicateurs, Lefèvre d'Etaples et Farel, un évêque, Briçonnet, qui était une exception parmi les prélats, entraînèrent à leur suite

une population d'ouvriers, pour la plupart cardeurs de laine et drapiers, qui se
firent dans toute la Picardie les propaga-
teurs de la réforme. Bientôt on en vit
ailleurs : à Paris où la sœur même du
roi, Marguerite, tenait pour les nova-
teurs ; en Provence, en Guienne, en Languedoc, en Saintonge, etc. Mais la rage
du clergé s'alluma ; il poussa avec fureur
à la persécution ; le parlement obéit, le
roi se soumit et l'on vit partout des supplices. Une des premières victimes fut un
seigneur de la cour, un gentilhomme
honoré de tous, aimé du roi, connu pour
sa science et sa piété, Louis de Berquin.

Il fut brûlé en place de Grève. En 1535, en plein règne de ce François Ier, qu'on a appelé le père des lettres, pendant six mois on ne sentait plus sur les places publiques que l'odeur des chairs grillées; c'étaient des ouvriers, des marchands, des peintres, des libraires, des imprimeurs, des jeunes gens, des femmes, que l'on brûlait vifs pour leur attachement à la Réforme. En même temps, le roi décrétait la suppression de l'imprimerie, cet instrument tout-puissant de l'émancipation des peuples.

Malgré les persécuteurs, la Réforme conquit bientôt une foule d'adhérents;

elle les recrutait parmi les artisans aisés,
dans les campagnes, chez les savants,
dans la noblesse, partout où il se trouvait des esprits ouverts et des consciences droites. C'était le grand parti libéral,
qui aspirait à devenir la nation elle-
même. Il n'y réussit pas. Il se heurta
contre la stupidité du bas peuple, en-
tassé dans les rues étroites des grandes
villes, entretenu par le clergé et surtout
par les moines dans la peur et la haine
de l'hérésie; contre les légèretés incu-
rables du roi François Ier; contre l'hu-
meur lâche et cruelle de son fils Henri II;
contre la jalousie d'une partie de la no-

blesse vis-à-vis des seigneurs réformés, plus entreprenants, plus hardis, plus instruits et qui étaient en passe de prendre le premier rang.

Deux camps se trouvèrent en présence sur tout le territoire : d'un côté les sectateurs aveugles de la papauté, la réaction, l'obscurantisme, avec le clergé et la cour comme chefs; d'un autre côté les amis d'une religion éclairée, de la liberté, du progrès, gens d'énergie et d'initiative, soumis aux lois de leur ten s, mais aspirant à se gouverner eux-mêmes, et ayant organisé leur église en république où régnait l'égalité et où l'élection seule conférait toutes les charges.

Le suffrage universel, qui est l'arme pacifique de nos jours, n'existant pas alors, c'est la force qui devait décider entre ces deux grands partis.

Le chef des catholiques était le duc de Guise, ambitieux, violent, sans scrupule. Il ouvrit les hostilités par le massacre de quelques centaines de réformés qui célébraient paisiblement leur culte à Vassy, en Champagne. Après tant et de si horribles exécutions individuelles, cette boucherie exaspéra les plus patients : la guerre éclata. C'était en 1562.

Elle eut lieu avec des alternatives diverses de victoires et de revers. Nous ne pouvons raconter ici ces tristes guerres civiles et religieuses, marquées par tan de cruautés et d'horreurs. Elles éclatèrent huit fois pendant la seconde moitié du xvi° siècle, sous les règnes des deux frères, Charles IX et Henri III. On connaît les noms des principales batailles : Dreux, Saint-Denis, Jarnac et Moncontour, Coutras, Arques et Ivry. Plusieurs fois, après quelques-unes de ces rencontres meurtrières, les deux partis épuisés recouraient à un arrangement; on signait une paix qui n'était hélas! que passagère,

et qui, bientôt violée par la cour, s'éva-
nouissait de nouveau dans le tumulte des
armes. Ce que devenait la France au milieu de ces tourmentes, il n'est que trop
facile de se le représenter. Plus de travail, plus de commerce, plus d'agricul-
ture, plus de sécurité sur les routes ni
dans les villes. La guerre impitoyable; la
paix fragile; les passions partout allu-
mées; partout la haine et la vengeance;
partout la ruine et la misère.

II

Les Édits antérieurs à l'Édit de Nantes

LES ÉDITS ANTÉRIEURS A L'ÉDIT DE

NANTES

Les réformés demandaient la liberté de conscience et de culte. Ils voulaient le droit de prier Dieu à leur manière et de s'environner de garanties indispensables contre le fanatisme et la mauvaise foi de leurs ennemis. A mainte reprise ils obtin-

rent que leur droit fût reconnu solennellement par des édits royaux; l'un des
premiers en date est celui de janvier
1562 « sur les moyens les plus propres
d'apaiser les troubles et séditions par le
fait de religion.» Le roi (c'était Charles IX
ou plutôt sa mère Catherine de Médicis),
autorise les réformés à célébrer leur
culte en plein jour, hors des villes, en
attendant qu'ils soient ramenés à la « ber-
gerie unique; » il leur enjoint de resti-
tuer aux catholiques toutes les églises e
temples ; il leur interdit toute assemblée
religieuse dans les villes, toute réunion
de nuit ; il les assujettit à chômer les fêtes

catholiques et à se conformer aux règles de l'Eglise concernant les mariages. Tous imprimeurs et vendeurs de livres « diffamatoires, » c'est-à-dire sans doute de polémique un peu vive seront punis d'abord de fouet, puis de mort.

On voit que le gain apporté par cet édit était médiocre : ce ne pouvait être qu'un répit. Tel quel, il ne fut même pas observé. C'est en vain qu'il avait été confirmé par de nouvelles lettres royales en février et en mars de la même année. Autant en emportait le vent.

Après des flots de sang versé, on put croire un moment, en 1570, qu'on avait

enfin conquis la paix religieuse et la liberté de conscience. Coligny, vainqueur,
fit signer au roi, le 8 août de cette année,
l'édit de Saint-Germain qui se donnait
pour « perpétuel et irrévocable. » Cet
édit accordait aux réformés le droit de vivre en toute liberté en quelque lieu que
ce fût, « sans être molestés ni astreints
à aucun acte de religion contre leur conscience. » L'exercice de leur culte devait
être respecté, sinon dans toutes les villes
du royaume, au moins dans celles où il
avait eu lieu jusqu'à ce moment même.
Toute distinction pour fait de religion devait être supprimée dans les universités,

écoles et hôpitaux, ainsi que pour l'admission aux places, dignités et charges publiques.

Comme garantie de leur droit, les réformés gardaient quatre places de sûreté, La Rochelle, La Charité, Cognac et Montauban.

Cet édit contenait encore plus d'une restriction fâcheuse et il s'en fallait que l'égalité des religions fût complète. Mais le progrès était immense et les plus difficiles s'en contentaient. S'il eût été observé, on aurait recueilli, en peu d'années, les heureux fruits de cette grande conquête.

Malheureusement, de la part du parti catholique la paix n'était pas sincère. On ne le vit que trop deux ans après. C'est le 24 août 1572 qu'eut lieu, par l'ordre du roi et de sa mère Catherine, à l'instigation du clergé, l'abominable massacre de la Saint-Barthélemy. Il commença au Louvre, sous le toît même du roi, sur ses propres hôtes, venus chez lui en fête, pleins de confiance en sa parole de gentilhomme et de roi.

La guerre reprit avec plus de fureur, se calmant et se rallumant à plusieurs reprises.

En 1577 fut conclue la paix de Berge-

ac. Henri III, qui avait succédé à son
ère, signa à Poitiers un édit de pacifi-
ation, (sur lequel fut copié ensuite, à peu
e choses près, l'édit de Nantes.) Deux
ns plus tard, en 1579, l'édit de Poitiers
ut confirmé par les articles de la con-
rence de Nérac, qui eut lieu entre la
eine mère et le roi de Navarre, chef
es réformés, celui qui fut plus tard
Henri IV.

Le parti catholique, furieux de cette
ictoire de la tolérance, se souleva con-
el'autorité même du roi et forma, sous la
irection des Guises, une Ligue factieuse
fanatique qui avait pour but de s'em-

parer du royaume, de renverser Henri III,
de mettre la couronne sur la tête du duc
de Guise et d'écraser la réforme jusque
dans ses derniers retranchements.

Henri de Navarre, héritier présomptif
du trône, puisque le dernier des Valois
n'avait pas d'enfant et qu'il s'en trouvait
le plus proche parent, était devenu l'allié
le plus utile de Henri III, dans cette
guerre où, par un étrange retour, la fortune des réformés se trouvait liée à celle
du dernier fils de Henri II. Les ligueurs,
inquiets de voir la tournure que prenaient
les choses, l'alliance des réformés avec
le roi et l'influence que prenait sur lui

enri de Navarre, dépêchèrent un moine,
acques Clément, qui poignarda Henri III,
n 1589, au moment où la Ligue était
e plus sérieusement menacée.

III

L'Édit de Nantes.

III

L'ÉDIT DE NANTES

Ce meurtre éteignait la race des Valois. Le trône revenait en droite ligne aux Bourbons. Les ligueurs, n'osant sortir de la loi de l'hérédité, nommèrent roi le vieux cardinal de Bourbon sous le nom de Charles X. Mais Henri de Navarre,

proclamé roi de France au camp de Saint-
Cloud, finit par triompher de toutes les
résistances, entra dans la capitale prise
par la famine, et se décida en 1593 à
donner la comédie d'une abjuration, dans
l'espoir d'obtenir à ce prix l'adhésion des
derniers ligueurs, de triompher de l'opposition du pape et de régner sans con-
testation.

Les réformés, qui l'avaient « porté sur
leurs épaules » depuis le midi de la
France jusqu'à Paris, qui avaient versé
leur sang pour lui et s'étaient habitués
à le regarder comme leur protecteur et
le défenseur naturel de leurs libertés re-

gieuses, bien qu'irrités et blessés de son
bjuration hypocrite, ne l'abandonnèrent
pourtant pas. Après ses succès, ils atten-
laient de lui la reconnaissance formelle
de leurs droits et de leurs libertés. Mais
Henri IV était pris dans l'engrenage. Par
sa prétendue conversion, il était devenu captif du clergé; il redoutait, en
rendant justice aux « huguenots, » en
proclamant ouvertement la liberté religieuse, en faisant revivre et en confir-
mant solennellement l'édit de 1577, signé
pourtant par un roi catholique, de dé-
plaire à ses nouveaux amis, d'exciter la
colère des fanatiques et de faire naître de

nouvelles complications sur sa route

Il fallut plusieurs années de négocia

tions pénibles, habilement retardées pa

le roi, patiemment reprises par les réfor

més, pour qu'enfin il se décidât à pro

mulguer en 1598, c'est-à-dire neuf an

après que la mort de Henri III lui eût li

vré le trône de France, un édit de paci

cation, qui ne faisait que reprendre le

principales clauses des édits de 1577 e

même de 1570.

Ce n'était pas une innovation qu'il s

permettait, ce n'était pas une faveur qu'i

accordait à ses anciens coréligionnaires

à ceux qui avaient soutenu sa fortune d

eurs bras et de leur vie; ce n'était que
la répétition d'articles déjà signés autre-
fois par Charles IX, par Henri III, par la
reine Catherine de Médicis. C'était le retour à un état de choses déjà plusieurs
fois accepté et qui pouvait être rétabli
sans le moindre inconvénient. Ce que
Henri IV, roi de France, vainqueur de la
ligue, successeur des Valois, triomphant,
tout puissant, concédait à son propre
parti, à ces vaillants huguenots auxquels
il devait tout, et ne concédait qu'après neuf
ans de sollicitations pressantes, c'est ce
que Coligny, simple gentilhomme, à la
tête de quelques hommes résolus, avait

imposé à l'impérieuse veuve de Henri II, trente ans auparavant, au milieu du déchaînement de toutes les passions. L'édit de Nantes ne fit que reproduire l'édit de 1577, auquel il se réfère dans ses principales dispositions. Comme on le voit, l'honneur n'en revient en aucune façon à l'ex-roi de Navarre, qui ne pouvait faire moins s'il tenait à conserver la paix dans son royaume et la couronne sur sa tête : car sans l'appui de la vaillante armée protestante, il n'eût pas tardé à succomber.

L'édit se compose de 95 articles, signés par Henri IV à Nantes, en avril 1598, enregistrés au parlement de Paris le 25 février de l'année suivante, à la chambre des comptes le 31 mars et à la cour des aides le 30 avril, c'est-à-dire un an après que le roi y eut apposé son sceau.

Il reconnaît dans le préambule de l'édit, qu'il a beaucoup tardé à le rendre. « L'une des principales affaires qui nous ont occupé, dit-il, ont été les plaintes que nous avons reçues de plusieurs de nos provinces et villes catholiques, de ce que l'exercice de la religion catholique n'était pas universellement rétabli, comme il est porté par les édits ci-devant faits pour la pacification des troubles à l'occa-

sion de la religion ; comme aussi les
supplications et remontrances qui nous
ont été faites par nos sujets de la religion prétendue réformée, tant sur l'in-
exécution de ce qui leur est accordé par
lesdits édits, que sur ce qu'ils désire-
raient y être ajouté pour l'exercice de
leur dite religion, la liberté de leurs consciences, et la sûreté de leurs personnes
et fortunes, présumant avoir juste sujet
d'en avoir de nouvelles et plus grandes
appréhensions, à cause de ces derniers trou]
bles et mouvements, dont le principal
but a été leur ruine. A quoi pour ne pas
nous charger de trop d'affaires à la fois

et parce que la fureur des armes ne compatit point à l'établissement des lois, quelque bonnes qu'elles puissent être, nous avons toujours différé de temps à autre de pourvoir. Mais, maintenant qu'il plaît à Dieu de commencer à nous faire jouir d'un meilleur repos, nous avons estimé ne le pouvoir mieux employer... Pour cette occasion, ayant reconnu cette affaire de très-grande importance, après avoir repris les cahiers des plaintes de nos sujets catholiques, ayant aussi permis à nos sujets de la religion prétendue réformée de s'assembler par députés pour dresser les leurs et mettre ensemble toutes leurs dites remontrances, et sur ce fait conféré avec eux par diverses fois, et revu les édits précédents, nous avons jugé nécessaire de donner, maintenant, sur le tout à nos sujets une loi générale, claire, nette et absolue, par laquelle ils soient réglés sur tous les différents qui sent ci-devant survenus entre eux et y pourraient encore survenir ci-après, et dont les uns et les autres aient sujet de se contenter, selon que la qualité du temps (c'est-à-dire les circonstances de l'époque) peut le porter.. »

Après ce préambule, le roi prend l'engagement de faire exactement observer son ordonnance, et il conclut ainsi :

« Pour ces causes, ayant avec l'avis des princes de notre sang, autres princes et officiers de la couronne, et autres grands et notables personnages de notre conseil d'état étant près de nous, bien et diligemment posé et considéré toute cette affaire, avons par cet ÉDIT PERPÉTUEL ET IRRÉVOCABLE, dit, déclaré et ordonné, disons, déclarons et ordonnons. »

Le premier article proclame l'amnistie totale, l'oubli complet et absolu de tout ce qui s'était passé de part et d'autre pendant ces tristes guerres de religion.

« Il ne sera loisible ni permis à nos procureurs généraux, ni autres personnes quelconques, publiques ni privées, en quelque temps que ce soit, d'en faire mention, procès ou poursuites en aucunes cours ou juridictions que ce soit. »

L'article II prêche la tolérance mutuelle : « Défendons à tous nos sujets de quelque état et qualité qu'ils soient, de s'attaquer, s'injurier ni provoquer l'un l'autre par reproche de ce qui s'est passé, en disputes, contestes, querelles, ni s'outrager, ou s'offenser de fait ou de paroles : mais se contenir et vivre paisiblement ensemble comme frères, amis et concitoyens... »

Les articles suivants rétablissent le culte catholique là où il avait été suspendu et restitue aux prêtres les églises et presbytères que les réformés leur avaient pris.

L'article VI reproduit la disposition de l'édit de 1570 sur la liberté de conscience.

« Pour ne laisser aucune occasion de troubles et de différends entre nos sujets, avons permis et permettons à ceux de ladite religion prétendue réformée, de vivre et de demeurer par toutes les villes et lieux de notre royaume et pays de notre obéissance, sans être enquis, vexés,

molestés ni astreints à faire chose pour
le fait de la religion contre leur conscience, ni à propos d'elle être recherchés
dans les maisons et lieux où il voudront
habiter, en se comportant au reste selon
qu'il est contenu en notre présent
édit. »

Cette liberté de conscience n'était pas
encore la liberté de culte. C'était beaucoup sans doute que le nom de réformé
ne fût plus un motif de persécution ; mais
il fallait encore que l'on pût pratiquer li-
brement sa religion, et cette liberté, l'édit
de Nantes ne la donne pas pleine et entière.

Il l'accorde d'abord aux gentilshommes qui ont le privilége de haute-justice ou le fief de haubert (c'est-à-dire une sorte de fief qui imposait l'obligation de prendre les armes pour le roi) : ceux-là sont autorisés à établir dans leurs maisons l'exercice du culte réformé, « tant pour eux que pour leur famille, leurs sujets et tous autres qui y voudront aller. » Il y avait alors environ 3500 seigneurs haut-justiciers.

Art. VIII. « Les seignéurs qui n'ont pas le privilége de haute-justice ou le fief de haubert ne pourront faire ledit exercice que pour leur famille seulement. » Ils pouvaient cependant admettre à leur culte, par occasion, lors d'un baptême ou d'une assemblée exceptionnelle, jusqu'à trente personnes, en dehors de la famille, mais à condition que la maison ne fût pas située dans une ville ou bourgade appartenant à des seigneurs catholiques haut-justiciers.

Quant au commun des réformés ils pouvaient pratiquer le culte dans tous les lieux où il était publiquement et notoirement établi au mois d'août de l'année précédente, ainsi que dans toutes les villes et places où l'édit de 1577 l'avait autorisé ; de plus dans les faubourgs d'une ville par baillage. (Art. IX. X. XI.)

Défense expresse de faire aucun exercice de culte ou instruction publique d'enfants dans aucun autre endroit que ceux désignés par les articles précédents ; ni à la cour et dans la suite du roi, ni à Paris, ni dans une étendue de cinq lieues autour de Paris. (Art. XIV.)

Cette liberté si restreinte avait encore besoin d'être protégée contre le fanatisme des prédicateurs et des dévôts, peu enclins en ce temps-là à respecter « la liberté des pères de famille » dont quelques-uns font tant de bruit aujourd'hui. Témoin l'art. XVIII :

« Défendons à tous nos sujets, de quel
que qualité et condition qu'ils soient, d'enlever par force ou induction, contre le gré
de leurs parents, les enfants de la religion prétendue réformée, pour les faire
baptiser et confirmer dans la religion
catholique apostolique et romaine » et
réciproquement.

Pendant la durée des guerres civiles,
il était souvent arrivé que pour échapper
à de cruelles tortures, des réformés,
hommes, femmes et enfants, avaient abjuré sous le coup de la force et qu'ils
étaient revenus à leur foi première dès
que la sécurité leur avait été rendue. L'ar-

ticle XIX déclare qu'ils ne pourront être poursuivis de ce chef ni molestés en aucune façon. Il fallait spécifier expressément ce droit primordial de la conscience! Elle avait du reste tant de violences à subir. Lisez l'article XX :

« Ceux de ladite religion prétendue réformée seront tenus de garder et observer les fêtes de l'Eglise catholique, apostolique et romaine, et ne pourront ces jours là besogner, vendre, ni étaler à boutiques ouvertes, ni les artisans travailler hors de leurs boutiques, et en chambre et maison fermée et aucun métier dont le bruit puisse être entendu au dehors des passants et voisins. »

Art. XXI. Les livres protestants ne pouvaient être imprimés et vendus que dans les villes où l'exercice du culte était permis.

Les réformés étaient tenus de se soumettre pour les mariages aux lois de l'Eglise romaine sur les degrés de parenté prohibée ; ils étaient « tenus, et devaient être contraints par toutes les voies de droit, à payer les dîmes aux curés et autres ecclésiastiques. » (Art. XXIII-XXV.)

En revanche les art. XXII et XXVII accordent, sans distinction de religion, le libre accès des écoliers dans les universités, écoles et collèges, des malades aux hôpitaux

et aux aumônes publiques ; et de tous
les réformés « à tous états, dignités et charges publiques quelconques, royales, sei-
gneuriales ou des villes du royaume, no-
nobstant tous serments à ce contraires. »

« Entendons qu'ils puissent être admis,
et reçus en tous conseils, délibérations,
assemblées et fonctions qui dépendent des
charges susdites, sans que pour raison
de ladite religion ils puissent en être re-
jetés, ou empêchés d'en jouir. »

Comme les réformés se défiaient à juste
titre du fanatisme des juges cléricaux,
l'édit leur accorde une chambre de
l'édit à Paris, une autre à Rouen,

dans lesquelles les protestants étaient admis dans l'ordre du tableau judiciaire, et
des chambres mi-partie, c'est-à-dire com
posées de juges protestants et catholiques,
à Castres, à Bordeaux et à Grenoble (XXX
à XXXVI) ; il leur accorde un substitut et
deux huissiers de leur culte au tribunal de
Bordeaux (XL) ; il entre dans les plus menus
détails sur la réception des magistrats et officiers réformés par leurs collègues, pour
prévenir toute velléité de mauvaise volonté
et d'intolérance (XLI à LVII) ; il détruit et
abroge expressément toutes les poursuites, procédures, amendes, confiscations
et déchéances dirigées jusqu'à ce jour

contre les réformés sous prétexte de religion. (LVIII et ss.)

« Ceux de ladite religion ne pourront désormais être surchargés et foulés d'aucunes charges ordinaires ou extraordinaires plus que les catholiques » (LXXIV.)

Les articles suivants leur donnent décharge de toutes les contributions de guerre, garnisons, péages, indemnités, qui leur avait été imposés jusqu'alors, et les font rentrer dans les biens, droits, noms et titres dont ils avaient pu être dépouillés. (LXXXIX)

L'esprit public était encore si arriéré, et le roi avait un tel désir de ne pas froisser les catholiques, qu'il crut nécessaire de détacher des articles généraux certaines dispositions particulières, destinées à être tenues secrètes.

En voici quelques-unes :

« Ceux de la religion prétendue réformée ne pourront être contraints de contribuer aux réparations et constructions des églises, chapelles et presbytères, ni à l'achat des ornements sacerdotaux, luminaires, fontes de cloches, pain bénit, droits de confréries, louages des maisons pour les demeures des prêtres et religieux, et autres choses semblables...

« Ils ne seront non plus contraints de

tendre et parer le devant de leurs maisons aux jours de fêtes ordonnés pour cela ; mais seulement de souffrir qu'il soit tendu et paré par l'autorité des officiers des lieux, sans que ceux de ladite religion y contribuent.

« Ils ne seront pas tenus non plus de recevoir exhortation, lorsqu'ils seront malades ou proches de la mort, soit par condamnation de justice ou autrement, d'autres que de la même religion ; ils pourront être visités et consolés par leurs ministres, sans y être troublés, et quant à ceux qui sont condamnés par justice, lesdits ministres pourront pareillement les visiter et consoler, sans faire prières en public, sinon dans les lieux où ledit exercice leur est permis par l'édit. »

On peut juger, par la teneur de ces articles et le secret même dont le roi les enveloppait, des odieuses vexations auxquelles les réformés étaient en butte et de la légitimité de leurs réclamations.

Voici quelques autres de ces dispositions additionnelles :

« Il sera accordé à ceux de ladite religion un lieu par la ville, prévôté et vicomté de Paris, à cinq lieues pour le plus de ladite ville, pour y faire faire l'exercice public. »

« En tous les lieux où l'exercice de la-dite religion se fera publiquement, on pourra assembler le peuple, même au son des cloches. »

« Il sera loisible à ceux de ladite religion qui demeurent aux champs, d'aller au culte dans les villes et faubourgs et autres lieux où il sera publiquement établi. »

« Ceux de ladite religion ne pourront tenir des écoles publiques, sinon dans les villes et lieux où l'exercice public de celle-ci leur est permis. »

« Il sera loisible aux pères, faisant pro-fession de ladite religion, de pourvoir leurs enfants de tels éducateurs que bon leur semblera. »

Tous ces engagements étaient précieux, toutes ces promesses étaient engageantes; mais les réformés étaient payés, comme on dit, pour se méfier des engagements et des promesses. Ils savaient, par de tristes expériences, le peu que vaut une parole de roi. Aussi exigèrent-ils des précautions sérieuses, de solides garanties contre un retour offensif de leurs ennemis ou contre les défaillances d'un roi qui vieillissait et qui allait prendre un jésuite pour confesseur. Ces garanties, ils ne les voyaient que dans la conservation des places fortes où ils s'étaient cantonnés, et qui, semées çà et là sur le territoire, pouvaient à l'occasion servir de refuge aux persécutés, et de points de ralliement aux hommes d'armes. Dût-on n'en pas faire usage, ces places devaient tenir leurs adversaires en bride et leur imposer, par la crainte, le respect des conventions jurées.

Par un acte spécial, signé à Nantes quelques jours après l'édit[1], le roi consentit à leur demande, qui était du reste à leurs yeux une condition absolue de tout accommodement. Voici le texte même de cet acte :

[1] L'édit est du 13 avril. Les seconds articles secrets, relatifs aux places de sûreté, sont du 30.

« Aujourd'hui, dernier jour d'avri
1578, le roi étant à Nantes, voulant don
ner tout le contentement qu'il lui es
possible à ses sujets de la religion pré
tendue réformée,

« Sur les demandes et requêtes qui lu
ont été faites de leur part, parce qu'ils on
estimé leur être nécessaire, tant pour la
liberté de leurs consciences que pour la sé
curité de leurs personnes, fortunes et biens,

« Et en l'assurance que sa Majesté a de
leur fidélité et sincère affection à son service, avec plusieurs autres considération:
importantes au bien et au repos de cet état

« Ladite Majesté leur a accordé et pro

mis que toutes les places, villes et châteaux qu'ils tenaient jusqu'à la fin du mois d'août dernier, dans lesquelles il y aura garnisons, demeureront en leur garde, sous l'autorité et obéissance de ladite Majesté, pendant l'espace de huit ans, à compter du jour de la publication dudit édit. »

Il s'engageait en outre à leur allouer une somme annuelle de cent quatre-vingt mille écus pour l'entretien de ces garnisons.

Huit années de paix religieuse, de cohabitation fraternelle, d'observation sincère de l'édit devaient, semblait-il, créer

des habitudes de tolérance réciproqu
qui rendraient inutiles ces garanties alor
indispensables.

Telles sont les principales disposition
de l'édit de Nantes, dont on parle beau
coup et que l'on connaît peu. Elle
n'avaient rien de nouveau ni de témé
raire, ne faisaient que reprendre et con
sacrer une fois de plus des édits promul
gués à plusieurs reprises dans les répi
de la guerre civile et ne contenaient, e
somme, qu'une ébauche de législatio
équitable, une tentative louable, ma
bien imparfaite, de pacification sur le fo
dement de la liberté de conscience.

IV

Les suites de l'Édit de Nantes. La révocation graduelle.

IV

LES SUITES DE L'ÉDIT DE NANTES. — LA RÉVOCATION GRADUELLE

Quelques années suffirent à démontrer la fécondité et la puissance de la paix et de la liberté. Ce royaume de France, réduit à la dernière extrémité par une série presque ininterrompue de guerres et de malheurs, appauvri, usé, dépeuplé, se relève comme par enchantement. La culture reprend, le travail renaît, l'argent reparaît de toutes parts ; les travaux sont poursuivis avec diligence par les particuliers et par l'état, les fortunes se réparent. Au premier rang l'on voit figurer les réformés, qui tournent leur activité et leur intelligence vers les travaux de l'industrie, du commerce et de l'art et qui réalisent d'importantes richesses. Ils apportent au service de la patrie commune leur esprit d'ordre et d'initiative, leur virilité de caractère, l'austérité de leurs mœurs, leur discipline et leur persévérance.

C'est de ces années que date l'élan pro-
digieux qui a fait monter si haut la France
pendant la première moitié du XVII° siècle et qui s'est peu à peu amorti sous le
long et funeste despotisme de Louis XIV.

C'est grâce à ces années de paix et de
liberté relative, pendant lesquelles tous
les Français sans distinction ont colla-
boré à la prospérité du pays, qu'il a pu
faire si grande figure devant l'Europe et
plus tard résister si longtemps aux fautes
de la monarchie absolue. Sans ce répit
salutaire de l'Edit de Nantes, sans la pé-
riode de paix intérieure et de renaissance
qui l'a suivie, la France épuisée s'en allait

d'anémie et perdait son rang parmi les grandes nations européennes. La grandeur de Richelieu et de Louis XIV plonge ses racines dans les clauses pacificatrices de l'édit de Nantes et dans les merveilleux progrès qu'elles procurèrent à la France demi-morte

Que ne fût-elle pas devenue dès lors si rien n'avait interrompu cette marche ascendante, si protestants et catholiques avaient pu continuer à rivaliser de zèle pour la servir! La liberté religieuse fût devenue la mère des autres libertés ; l'esprit se fût émancipé, la science eût pris des ailes, les institutions politiques se fus sent élargies sans violence ; nous aurions gagné plus d'un siècle et fait l'économie d'une révolution.

Il n'en fut pas ainsi. Henri IV, qui avait intérêt à maintenir son œuvre, fut assassiné à Paris en 1610 par le jésuite Ravaillac. Celui-ci déclara qu'il « s'était déterminé à ce crime parce qu'il croyait le roi huguenot et résolu de faire la guerre au pape. » A partir de ce moment il y eut une tendance constante de réaction contre l'Edit de Nantes, qui fut démoli pièce à pièce jusqu'à son abolition définitive en 1685.

Richelieu, premier ministre de Louis

XIII, voyait avec jalousie la fière indépendance des huguenots, tant des seigneurs peu disposés à courber la tête sous l'autorité royale, que des villes, où régnait un esprit qu'on peut appeler républicain. Son rêve était d'établir le pouvoir absolu, et il ne pouvait rencontrer sur sa route d'obstacle plus certain à ce projet que le parti protestant. Aussi résolut-il de l'affaiblir et de le ruiner peu à peu. Il lui porta un coup terrible en 1628 par la prise de La Rochelle, qui était comme la capitale des huguenots ; il les réduisit dans le Languedoc et dans tout le midi ; il leur enleva leurs places de sûreté, détruisit

leurs forteresses, supprima leurs assemblées, dispersa leurs chefs, anéantit leur
forte organisation et les laissa sans défense contre toute tentative future d'intolérance et d'oppression. Le royaume
avait recueilli jusque-là les fruits de l'édit
de Nantes ; les réformés allaient les per-
dre, et la France tout entière devait avant
longtemps souffrir de ce qui faisait leur
malheur, car elle allait tomber sous la
plus écrasante et la plus ruineuse des ty-
rannies, alors qu'elle eût pu voir s'ouvrir
devant elle les voies spacieuses de la li
berté.

On a fait un reproche aux réformés

d'avoir plus d'une fois pris les armes
lorsqu'ils étaient serrés de trop près et
menacés dans leur indépendance ; on leur
a reproché d'avoir organisé leur défense
de manière à former un état dans l'Etat.
Les événements n'ont que trop montré
l'intérêt qu'ils avaient à conserver des
places de guerre, des garnisons, une discipline militaire, une situation défensive
en face de pouvoir hostile, au milieu
d'un pays que le clergé ne cessait d'exciter contre eux. Dès qu'ils furent désarmés,
ils furent perdus et la théocratie fanatique posa le pied sur les derniers vestiges
de liberté politique et religieuse.

La place nous manque ici pour rapporter en détail « les moyens dont le clergé s'est servi pour achever de détruire la réformation en France. » « On y verrait, comme dit l'éminent historien de l'édit de Nantes, Elie Benoist, deux partis dont l'un souffre tout, et dont l'autre ne s'exerce qu'à faire des malheureux. Du côté des réformés une patience outrée : du côté du clergé un long tissu de ruses, de chicanes, d'injustices, qui se terminent par d'extrêmes cruautés, et qui, après avoir éprouvé longtemps la constance des églises de la réforme par des déclarations, des arrêts, des sentences, des ré-

glements, des jugements, des ordon-
nances, des actes revêtus de toutes les
formes et de tous les noms qu'on peut
leur donner, arrivent enfin au comble
par la révocation de l'édit de Nantes.
Alors on ne voit plus que conversions
forcées, meurtres, pillages, bannissements,
prisons, condamnations aux galères et
autres violences qui réduisent deux millions d'innocents à la plus triste désola-
tion dont on ait peut-être jamais vu
d'exemple. »

Ce n'est pas en un jour que l'on en vint
à l'idée criminelle d'effacer un édit qui
avait coûté tant d'efforts et de sang, qui

était le résumé et le terme d'un siècle de
luttes, l'origine d'un nouvel état social et
le fondement même de la dynastie. Non
pas qu'on eût à un degré quelconque le
respect de la signature et des serments
d'un roi : l'école de Loyola aurait suffi-
samment levé tout scrupule à cet égard.
Mais les réformés étaient encore trop forts.
On leur enleva peu à peu leurs soutiens,
on les réduisit article par article, on
s'attaqua l'un après l'autre à leurs droits,
on les bannit pied à pied du droit commun, on les lia de mille chaînes subtiles ou
grossières, et il n'y eut plus ensuite qu'à
donner un dernier coup pour les abattre.

Pendant la minorité de Louis XIV, la reine mère, régente, Marie de Médicis, avait confirmé l'édit de Nantes par une déclaration du 8 juillet 1643 où l'on faisait dire au jeune roi :

« Le feu roi, notre bien honoré seigneur et père, ayant reconnu qu'une des choses les plus nécessaires pour conserver et maintenir la paix en ce royaume consistait à faire vivre ses sujets de la religion prétendue réformée sous le bénéfice de ses édits et les maintenir dans l'exercice libre de leur religion, il aurait un soin particulier d'empêcher qu'ils ne fussent troublés et inquiétés dans ledit

exercice ; à cet effet il avait confirmé lesdits édits dès son avénement à la couronne. A son exemple, par l'avis de notre
très-honorée mère la reine régente, le
duc d'Orléans, le prince de Condé, des
ducs, pairs et officiers de notre couronne,
avons dit et déclaré, disons et déclarons
par ces présentes signées de notre main,
voulons et nous plaît que nos dits sujets
faisant profession de ladite religion jouis-
sent et aient l'exercice libre et entier
de ladite religion, conformément aux
édits, déclarations et réglements faits sur
ce sujet, sans qu'à ce faire ils puissent
être troublés ni inquiétés en quelque

sorte et manière que ce soit. Lesdits
édits, *bien que perpétuels,* nous avons de
nouveau, en tant que besoin est, ou se-
rait, confirmés. Voulons que les contre-
venants à ces édits soient pris et châtiés,
comme perturbateurs du repos public. »

Ah ! comme ces promesses, ces engagements, ces signatures ont été emportés
par le vent de l'intolérance ! Le clergé ne
pouvait se consoler de voir à côté de lui
ce peuple réformé, libre de prier Dieu à sa
guise et de se damner ou de se sauver
sans confession. Aussi longtemps que le
roi fut jeune, heureux, bien portant, il
ne prêta guère l'oreille aux suggestions

des prêtres. Ils avaient bien leurs plans secrets ; ils dictaient aux ministres d'État leurs directions pour affaiblir et entraver les réformés de toute manière ; mais leur moyen favori, la force, la violence, leur faisait défaut.

A mesure que le roi s'enfonçait dans des guerres plus ruineuses, qu'il avait besoin d'argent, qu'il était obligé de faire appel au clergé pour obtenir des subsides, celui-ci les lui vendait à un certain prix, à savoir quelque édit nouveau contre les réformés, quelque violation d'un de leurs droits.

A mesure que le roi, parmi les dé-

sordres habituels de sa vie, éprouvait
quelques remords, s'en confessait et en
demandait l'absolution, il l'obtenait au
même prix : quelque nouvelle mesure
de violence criminelle contre ses sujets
protestants.

A mesure enfin que l'âge et les infir-
mités l'assombrissaient, affaiblissaient à la
fois son corps et son esprit, le livraient
en proie aux prêtres et au mauvais génie
de sa vieillesse, madame de Maintenon,
il s'enfonçait de plus en plus dans la voie
des persécutions. « Le roi est plein de
bons sentiments, écrivait cette triste
femme le 24 août 1681 ; il avoue ses

Mme de Main........ou.....et le P. La Chaise.

faiblesses, il reconnait ses fautes : il faut attendre que la grâce agisse. Il pense sérieusement à la conversion des hérétiques, et dans peu, il n'y aura plus qu'une religion dans son royaume. »

Il y avait longtemps que le clergé poursuivait ce résultat avec une infatigable ténacité. On ferait un énorme volume de tous les arrêts vexatoires, humiliants, injustes qu'il dictait aux magistrats. Tantôt il fait défendre le chant des psaumes dans les temples pendant que passent les processions, tantôt il interdit toute pompe aux enterrements des réformés, tantôt il défend aux ministres de prêcher en plus d'un endroit, tantôt il interdit le culte là où il n'y a pas plus de dix familles.

Ce n'est pas tout : sous les prétextes les plus futiles et les plus mensongers, il fait démolir les temples les uns après les autres, il fait expulser les protestants tantôt d'une ville tantôt d'une autre. Un arrêt règle le nombre d'entre eux qui peuvent assister aux noces et aux baptêmes ; un autre casse les délibérations de leurs synodes ; un autre défend aux seigneurs d'établir des juges réformés.

Un édit supprime les chambres mi-partie de Languedoc, Guyenne et Dau-

phiné et livre les protestants au fanatisme des juges ; un autre édit défend
aux catholiques de changer de religion ;
un autre interdit aux catholiques de se
marier avec des réformés.

Ils sont frappés dans leur puissance de
propagande et d'extension : c'est par la
parole, c'est en amenant des prosélytes à
leurs idées qu'ils peuvent s'étendre, gran-
dir ; ils croient qu'ils ont pour eux la raison, la vérité. On leur ferme la bouche :
toute conversion qu'ils peuvent faire est
un crime capital. En revanche, ils sont sol-
licités de mille manières d'abjurer. Les sages-femmes catholiques peuvent ondoyer

leurs enfants ; les juges catholiques peuvent visiter et menacer leurs malades ; le
prêtres catholiques peuvent exhorter et
terroriser leurs mourants.

Leur force, c'est l'instruction. C'est
dans les écoles, les universités qu'ils for-
ment des hommes. Leurs écoles sont fer-
mées, leurs académies dispersées. Ils
n'ont plus ni le droit d'apprendre, ni le
droit d'enseigner. Ils brillaient dans les
professions libérales ; elles leur sont fer-
mées l'une après l'autre. Ils ne peuvent
plus être ni professeurs, ni avocats, ni
juges, ni médecins, ni chirurgiens, ni
apothicaires.

Il leur est interdit, par arrêt de 1682, d'exercer désormais les offices de procureurs, notaires, huissiers et sergents, et ils doivent, sous trois mois, vendre à vil prix ces charges qu'ils avaient achetées cher et qui les faisaient vivre. De même pour les charges de conseiller, par arrêt de 1684.

Que dis-je? une ordonnance du grand prévot du 9 janvier 1685 déclare que le roi ne veut plus d'hérétiques parmi les marchands de la cour. Un arrêt du même mois leur interdit d'être épiciers; un autre ne veut pas qu'ils soient imprimeurs ni libraires. Un autre déclare qu'il ne faut plus de sages-femmes hérétiques. L'une après l'autre, toutes les professions, tous les gagne-pain leur sont fermés : il ne restera plus, ce qui arrivera bientôt, qu'à leur interdire le sol et l'air.

Et avec cela des piéges, des cruautés stériles, des infamies dont peu d'histoires au monde peuvent offrir des exemples.

Une déclaration de 1683 exige que les ministres réservent des places dans les temples pour les catholiques qui voudront assister aux prêches, tant pour les réfuter que pour empêcher de rien dire de contraire au respect dû à la foi catholique ; et une autre déclaration de la même année interdit absolument aux ministres, sous les peines les plus graves, de recevoir des catholiques dans les temples.

Un arrêt du 4 septembre 1684, signé Colbert, défend de recevoir des malades protestants dans les maisons particulières : il faut les porter dans les hôpitaux catholiques, et Dieu sait ce qu'étaient alors ces charniers où les malades et les morts étaient tous entassés les uns sur les autres dans la même pourriture !

Le 17 Juin 1681 une déclaration du roi, contre-signée aussi Colbert, (hélas !

pauvre grand homme !) porte ceci en propres termes :

« Disons et déclarons par ces présentes
signées de notre main, voulons et nous
plait que nos sujets de la religion prétendue réformée, tant mâles que femelles,
AYANT ATTEINT L'AGE DE SEPT ANS, puissent
et qu'il leur soit loisible d'embrasser la
religion catholique, apostolique et romaine, et qu'à cet effet ils soient reçus à
faire abjuration de la religion prétendue
réformée, sans que leurs pères et mères
y puissent donner aucun empêchement.
Nous voulons en outre que lesdits enfants, après leur conversion, aient le

droit de retourner dans la maison de leurs pères et mères pour y être nourris et entretenus, ou de se retirer ailleurs et dé se faire donner par leurs parents une pension proportionnée à leurs moyens. »

Sept ans, c'était encore trop vieux, trop mûr. Les prêtres obtinrent de pouvoir arracher les enfants à l'âge de cinq ans, et de mettre la main sur tous les pauvres petits orphelins, de quelque âge qu'ils fussent.

On comprend que les réformés, devant cette révocation graduelle des édits qui faisaient leur sécurité, devant ces raffinements de haine et de cruauté, ne

pouvant recourir aux armes, se jetassent
dans la seule issue qui leur fût ouverte :
la fuite en pays étrangers. Des édits la
leur interdirent sévèrement. Il fallait rester pour subir les avanies les plus abomi-
nables, le deuil, les séparations, la misère et
la famine, ou s'exposer à la mort en fuyant.

On trouve le nom du roi et celui de son
ministre Colbert au bas d'une déclaration
du 20 août 1685, portant que la moitié
des biens des protestants qui sortiraient du
royaume seraient donnés à leurs dénon-
ciateurs. Nous voici ramenés à Tibère et
aux pratiques des pires despotes du monde
ancien.

Toutes ces mesures étaient insuffi-
santes. Les réformés ne se laissaient pas
convaincre. Louvois eut recours à ce qu'on
appelait les missionnaires bottés : il envoya des dragons en garnison dans les
familles protestantes.

« Le dragon, dit Michelet, était le soldat
le plus gai, le soldat à la mode, dont on con-
tait les tours. M. le dragon, de quelque
trou de paysan qu'il vînt, une fois suffi-
samment dressé, brossé à coup de cannes,
était un gentilhomme, un marquis... Il
avait du seigneur, il avait du laquais.
Rossé par l'officier, il le rendait au
paysan. Vrai singe, il aimait à mal faire,

et plus mal que les autres : c'était son amour-propre. Il était ravi d'être craint, criait, cassait, battait.

« Quand il entrait en logement chez le bourgeois aisé, il ne pensait d'abord qu'à faire ripaille, à user largement de cette abondance inaccoutumée. Il aurait volontiers mangé avec ses hôtes. Mais ceux-ci, les huguenots, étaient son antipode. Il tombait là dans une famille triste et sobre, consternée d'ailleurs, qui obéissait, le servait, mais était à cent lieues de s'entendre avec lui. Les enfants avaient peur, fuyaient. Le mari restait sombre. La dame, les demoiselles, effarouchées du

bruit et des chansons obscènes, étouffées
de tabac, avaient grand peine à cacher
leur dégoût...

« Ils ne se gênaient pas, donnaient car-
rière à leur malice, gâtaient, brisaient,
détruisaient pour détruire. Ne criant
assez fort, ils se mettaient parfois à bat-
tre à la fois de quatre tambours, forçaient
les armoires, pillaient le linge, faisaient
litière à leurs chevaux des draps les plus
fins. »

Ecoutons encore l'éloquent historien :

« L'enlèvement des enfants commença
vingt-cinq ans avant la révocation —
donc la terreur des mères. Leur vie était

tremblante, leur cœur serré. Sédentaire, solitaire, la mère tenait ses enfants bien près sous elle. Il eût suffi que le dimanche l'enfant mené au temple passât devant l'église, vît les cierges et les fleurs, dît : «Que c'est beau !» il était catholique, enlevé et perdu.

« En décembre 1685, parut l'édit terrible pour enlever les enfants de cinq ans. Qu'on juge de l'arrachement ! Un coup si violent supprima la peur même. Des cris terribles en jaillirent, des serments intrépides de ne changer jamais.

« Chaque maison devint le théâtre acharné entre la faiblesse héroïque et les

furies de la force brutale. Les soldats, ces
esclaves de la vie militaire, formés par
le bâton, voyaient pour la première fois les
résistances courageuses de la libre conscience. Ils n'y comprenaient rien, étaient
étonnés, indignés. Tout ce que l'homme
peut souffrir sans mourir, ils l'infligèrent
aux protestants. Pincé, piqué, lardé,
chauffé, brûlé, suffoqué presque à la
bouche d'un four, il souffrit tout. Tel
eut les ongles arrachés. Le supplice qui
agissait le plus à la longue, c'était la pri-
vation de sommeil. Ce moyen des domp-
teurs de lions est terrible aussi contre
l'homme. La femme résista mieux aux

veilles. Bien souvent, il était rendu qu'elle
ne l'était pas et lui reprochait sa faiblesse, le ranimait. On chassait alors le
bonhomme, on l'envoyait aux vivres, on
le tenait loin de chez lui.

« Le duel restait entre la dame et vingt
soldats (on en mit jusqu'à cent dans une
maison de Nimes). Elle devait les servir
seule, sans domestiques... La renchérie
la prude, la dégoûtée, on prétendait la
mettre au pas, la faire devenir bonne enfant. Portes closes. Tenue en chambrée,
en camaraderie militaire, ils lui faisaient
faire leur ménage de soldats. Ils ne la
laissaient plus sortir, riant de ses souf-

frances, de ses prières et de ses larmes. Mais nulle humiliation de nature ne peut dompter l'âme. Elle se relevait par la prière, par la fixité de sa foi.

« Outrés, ils en venaient aux coups et, pour l'exécution, chose cruelle, souvent ils coupaient des gaules vertes pliantes, qui s'ensanglantaient sans cesse. Le sang les enivrait. Ils imaginaient cent supplices. Telle fut lentement, cruellement épilée, telle flambée à la paille, comme un poulet. Telle, l'hiver, reçut sur les reins des seaux d'eau glacée. Parfois ils enflaient la victime avec un soufflet, comme on souffle un bœuf mort, jusqu'à

la faire crever. Parfois, ils la tenaient
suspendue, presque assise, à nu, sur des
charbons ardents.

« Du reste, tous les martyres du corps
ne font rien sur un libre esprit. Quoi-
qu'on pût entasser d'outrages et de dou-
leurs, la victime de la dragonnade, souvent navrée, sanglante, était plus affer-
mie. Les démons demandèrent par où on
la prendrait et si, brisant le cœur, on ne
pourrait dompter la foi. On lui martyri-
sait son mari sous les yeux. On profanait
sa fille par des sévices honteux. Autre
épreuve : on liait la mère qui allaitait, et
on lui tenait à distance son nourrisson

qui pleurait, languissait, se mourait. Rien ne fut plus terrible ; toute la nature se soulevait ; la douleur, la pléthore du sein qui brûlait d'allaiter, le violent transport au cerveau qui se faisait, c'était trop... La tête échappait... »

Et les généraux riaient de toutes ces infamies : et la cour les savait, et s'en amusait, et le clergé y prenait plaisir et y poussait de plus en plus.

Il avait enfin obtenu ce qu'il demandait si ardemment et depuis si longtemps : la *révocation officielle de l'édit de Nantes.*

V

L'Édit de Révocation.

V

L'ÉDIT DE RÉVOCATION

L'édit révocatoire est daté de Fontaine-
bleau, le 18 octobre 1685, signé Louis ;
sur le repli le visa : le Tellier ; et à côté :
par le roi, Colbert[1]. Il est manifestement
écrit tout entier par la main des jésuites.
Il déclare que si Henri IV a signé l'édit

[1] C'était Seignelay, fils du grand Colbert, qui signait de ce nom depuis la mort de son père 1683.
L'édit fut enregistré au Parlement le (22 octobre
1685).

do Nantes, c'était uniquement pour di-
minuer l'aversion qui était entre les deux
religions et travailler plus efficacement à
la conversion des hérétiques ; mais qu'il
en avait été empèché par « sa mort préci-
pitée, » expression ingénieuse pour ne
pas dire que les jésuites l'avaient assassiné.
Louis XIII n'avait pas non plus d'autre
intention, dit le préambule, et tout ce
qu'il semblait accorder de liberté aux réformés n'était que pour arriver à les convertir plus aisément. Quant à Louis XIV,
il se glorifie d'y être arrivé ; il n'y a plus
d'hérétiques dans le royaume :

« Nous voyons présentement, dit l'édit,

avec la juste reconnaissance que nous devons à Dieu, que nos soins ont eu la fin que nous nous sommes proposée, puisque la meilleure et la plus grande partie de nos sujets de la religion prétendue réformée ont embrassé la catholique, et l'exécution de l'édit de Nantes demeure donc inutile. »

C'était un impudent mensonge. Les réformés étaient encore innombrables. Ils avaient résisté en foule aux séductions, aux promesses, aux persécutions les plus atroces. La preuve en est la teneur même de l'édit. Et du reste, quand même il n'en fût resté qu'un petit nombre, de

quel front pouvait-on dire que l'édit *perpétuel et irrévocable*, s'il en fallait croire
Henri IV qui l'avait signé, édit qui garan-
tissait les droits sacrés de leur conscience, pût être devenu inutile ? Il fallait l'audace d'un despote aux mains
des jésuites pour tenir un pareil lan-
gage.

Il nous parait utile d'avoir sous les
yeux, comme un monument de l'intolérance cléricale, le texte même des princi-
paux articles de l'édit de révocation.
Nous savons que si le temps a marché,
il y a un parti qui se glorifie d'être im-
muable, d'avoir conservé les mêmes prin-

cipes, de poursuivre invariablement le même idéal, de tendre toujours au même but. Voyons donc ce qu'il a fait quand il a eu sans conteste le pouvoir en mains. Voyons le produit de l'alliance intime et complète de l'institution royale et de l'absolutisme clérical.

« Article I — Savoir faisons que Nous, de notre certaine science, pleine puissance et autorité royale, avons par ce présent édit *perpétuel et irrévocable*, supprimé et révoqué, supprimons et révoquons l'édit du roi notre aïeul, donné à Nantes au mois d'avril 1598, en toute son étendue... et en conséquence voulons et nous plaît, que *tous les temples* de ceux de la religion prétendue réformée, situés dans notre royaume, pays, terres et seigneuries de notre obéissance, *soient incessamment démolis.*

« Art. II. — Défendons à nosdits sujets de la religion prétendue réformée de ne plus s'assembler pour faire l'exercice de ladite religion, en aucun lieu ou *maison particulière, sous quelque prétexte que ce puisse être.*

« Art. III. — Défendons pareillement à tous seigneurs, de quelque condition qu'ils soient, de faire l'exercice (du culte) dans leurs maisons et fiefs, de quelquequ téali

que soient ces fiefs, *à peine de confisca-*
tion de corps et de biens.

«Art. IV. — Enjoignons à tous ministres
de ladite religion qui ne voudront pas se
convertir et embrasser la religion catholique, apostolique et romaine, de sortir
de notre royaume et terre de notre obéissance dans le délai de quinze jours,
sans y pouvoir séjourner au delà, ni pendant ledit temps de quinzaine faire aucun
prêche, exhortation ni autre fonction *sous*
peine de galères. »

Les art. V et VI établissent les faveurs
extraordinaires dont jouiront ceux des
ministres qui se convertiront sur le champ.

« **Art. VII.** — Défendons les écoles particulières pour l'instruction des enfants de
la religion prétendue réformée, et *toutes
les choses généralement quelconques qui
peuvent marquer une concession, quelle
qu'elle puisse être*, en faveur de ladite
religion.

« **Art. VIII.** — A l'égard des enfants qui
naîtront de ceux de ladite religion, voulons
qu'ils soient dorénavant baptisés par les
curés des paroisses... Et seront ensuite
les enfants élevés en la religion catholique,
apostolique et romaine, à quoi nous enjoignons bien expressément aux juges de
tenir la main. »

L'article IX promet aux fugitifs qui dans le délai de quatre mois se soumettront à cet aimable régime, la restitution de leurs biens; en revanche il déclare *confisqués à toujours* les biens de ceux qui ne rentreraient pas dans cet intervalle.

« Art. X.—Faisons très-expresses et itératives défenses à tous nos sujets de ladite religion prétendue réformée *de sortir, eux, leurs femmes et enfants de notre royaume*, pays et terres de notre obéissance, *ni d'en transporter leurs biens et effets, sous peine, pour les hommes, de galères et de confiscation de corps et de biens pour les femmes.* »

Un onzième et dernier article autorise les protestants non convertis à rester dans le royaume jusqu'à ce qu'ils se convertissent, à condition qu'ils s'asbtiennent de toutes pratiques religieuses, que rien ne transpire au dehors de leurs sentiments. Cet article était un piége et un mensonge. Car ceux qui restèrent se virent en butte aux plus odieux traitements. On n'épargnait aucun supplice pour les amener à abjurer et la mort seule finissait leurs souffrances.

« Cet édit excita en France, dit M. Lavallée, un incroyable concert de louanges : sermons, poésies, tableaux, médailles,

reproduisirent à l'envi ce grand acte
d'unité. On allait donc enfin avoir une
seule loi sous un seul roi !... Louis XIV
était un nouveau Constantin, un nouveau
Théodose... Jamais aucun roi n'avait fait
ou ne ferait rien de si mémorable... L'Europe entière était dans l'étonnement de
la promptitude et de la facilité avec laquelle le roi avait anéanti une hérésie
qui avait usé les armes de six rois, ses
prédécesseurs.

« Il n'y eut de plaintes que sur l'article qui accordait aux religionnaires le
culte privé... « La dernière clause de
« l'édit, disait Noailles, va faire un grand

« désordre, on arrêtant les conversions. »
Mais cette clause n'était qu'un leurre, et
Louvois écrivit aux gouverneurs et inten-
dants : « SA MAJESTÉ VEUT QU'ON FASSE
« ÉPROUVER LES DERNIÈRES RIGUEURS A CEUX
« QUI NE VOUDRONT PAS SE FAIRE DE SA RELI-
« GION ; ET CEUX QUI AURONT LA SOTTE GLOIRE
« DE VOULOIR DEMEURER LES DERNIERS DOI-
« VENT ÊTRE POUSSÉS JUSQU'A LA DERNIÈRE
« EXTRÉMITÉ. »

« On livra à une soldatesque brutale
une population sans défense, on mit les
hommes à la torture, on outragea les
femmes, on enleva les enfants, on dé-
vasta les propriétés, on envoya aux ga-

lères les convertis qui refusaient les sacre-
ments, ceux qui sortaient du royaume,
ceux qui donnaient asile aux ministres;
il y eut peine de mort contre quiconque
faisait exercice d'une autre religion que
la catholique, peine de mort contre les
ministres, peine de mort contre ceux qui
faisaient des rassemblements. Les faibles
cédèrent, on les traîna à l'autel, on les
força, le bourreau devant eux, à faire des
sacriléges. »

« De la torture à l'abjuration, dit le duc
de Saint-Simon, et de celle-ci à la commu-
nion, il n'y avait souvent pas vingt-qua-
tre heures de distance, et leurs bourreaux

étaient leurs conducteurs et leurs té-
moins. Presque tous les évêques se prê-
tèrent à cette pratique subite et impie.
La plupart animèrent les bourreaux et
forcèrent les conversions pour grossir le
nombre de leurs conquêtes, dont ils en-
voyaient les états à la cour, afin d'être
d'autant plus considérés et récompensés.
Le roi recevait de tous les côtés les détails et les nouvelles de ces persécutions :
c'était par milliers qu'on comptait ceux
qui avaient abjuré et communié. Le roi
s'applaudissait de sa puissance et de sa
piété : les évêques lui écrivaient des pa-
négyriques ; les prêtres en faisaient re-

tentir les chaires et les missions ; toute
la France était remplie d'horreur et de
confusion, et jamais tant de triomphes
et de louanges. »

VI

Suites de la Révocation.

VI

SUITES DE LA RÉVOCATION

« La révocation, si longtemps prépa-
rée, dit Michelet, eut pourtant tous les
effets d'une surprise. Les protestants
s'efforçaient de douter. Ils avaient trouvé
mille raisons pour se tromper eux-mêmes.
L'émigration était très-difficile, mais un

plus grand obstacle était dans l'âme même de ceux qui avaient à franchir ce pas. Il leur semblait trop fort de se déraciner d'ici, de rompre tant de fibres vivantes, de quitter amis et parents, toutes leurs vieilles habitudes, leur toit d'enfance, leur foyer de famille, les cimetières où reposaient les leurs.

« Nos protestants, ce peuple laborieux de Colbert, étaient les meilleurs Français de France. C'etaient généralement des gens de travail, commerçants, fabricants à bon marché qui habillaient le peuple, agriculteurs, surtout, et les premiers jardiniers de l'Europe. Ces braves gens tenaient excessivement à leurs maisons. Ils ne demandaient qu'à travailler là tranquilles, y vivre et y mourir. La seule idée du départ, des voyages lointains, était un effroi, un supplice. On ne voyageait pas alors comme aujourd'hui. Plusieurs, après avoir duré contre toutes les persécutions, quand on les traîna dans les ports pour les jeter au Mexique, désespérèrent, moururent. »

Et néanmoins, malgré cette aversion pour l'exil, des milliers se décidèrent à partir. Beaucoup furent pris, tués ou jetés aux galères. De ceux qui restaient, beaucoup aussi étaient envoyés aux ga-

lères, soit comme ministres, soit comme
ayant donné asile à un proscrit, soit pour
avoir persisté dans leur foi, assisté à
quelque réunion de prières ou même
sans aucun motif, sur une simple dénon-
ciation.

Michelet, qu'on ne peut se lasser de
citer sur ces sujets où il a mis tout son
cœur et tout son savoir, nous dira ce
qu'étaient les galères. Voici d'abord l'in-
térieur de la Tournelle de Paris, d'où la
chaîne des forçats partait pour Marseille :

« Qu'on se figure une énorme voûte
circulaire fermée, obscure comme un
four. Là (barbarie très-inutile), ils étaient

scellés par le cou à des poutres énormes
sans pouvoir ni s'asseoir ni se coucher.
Aux soupirs, gémissements, répondaient
des averses effroyables de nerfs de bœuf,
donnés au hasard des ténèbres.Des faibles,
des vieillards, mouraient. Pour n'être enchaîné que de la jambe, on payait tant
par mois. Le capitaine de la chaîne, qui
se chargeait de la conduire, n'aimait à
mener que les forts pour éviter la dé-
pense des chariots nécessaires aux malades. Le 17 décembre, la chaîne où était
Jean Marteilhe, de Bergerac, se trouvant à
Charenton, par une gelée à pierre fendre,
on les dépouille pour fouiller leurs habits,

prendre le peu qu'ils avaient d'argent.
Nus de la tête aux pieds, deux heures
durant, au vent de bise! Plusieurs sont
raides et gelés ; les coups n'y font plus
rien, ils restent. D'autres meurent dans
la nuit, dix-huit en tout. Voilà la chaîne
plus légère et le chef s'en va plus content.
C'etait l'usage. De cinquante qu'on em-
mena de Metz, cinq étaient morts au premier jour de route. D'autres à chaque
étape. Le capitaine en était quitte pour
avertir l'Eglise, prendre attestation des
curés.

« Les galères : il n'y eut jamais ma-
chines si grossières. Point d'entre-pont.

La cale était un petit trou où l'on mettait les vivres et où l'on jetait les malades. Tout le monde couchait sur le pont, ou plutôt ne couchait pas ; faute de place, on restait assis. A un bout, une table sur quatre piques, où siégeait, mangeait le comite, l'âme de la galère. Courant près des bancs des rameurs, criant, jurant, hurlant avec la fureur provençale, il promenait sur cette file de dos nus l'horrible sifflement du nerf de bœuf, qui tantôt frappait une ampoule, tantôt se relevait sanglant. Par moments, épuisé de sa course effrénée, il allait se rasseoir sur son trône de fer. Les bourreaux en second lui succédaient, et il n'y avait pas de repos. S'ils avaient molli un moment, le capitaine, de son château de poupe, l'eût vu, eût menacé de les jeter à l'eau. »

Vie terrible que celle de ces pauvres gens enchaînés jour et nuit sur leurs bancs ! « Ce n'était pas de recevoir des coups, ce n'était pas d'être par tous les temps nu jusqu'à la ceinture, ce n'était pas d'être toujours mouillé (la mer lavant toujours le pont bien bas,) non ce n'était pas tout cela qui désespérait le forçat. Non pas encore la chétive nourriture, ce qui le laissait sans force. Le désespoir,

c'était d'être scellé pour toujours à la
même place, de coucher, manger, dor-
mir là, sous la pluie ou sous les étoiles,
de ne pouvoir se retourner, varier l'atti-
tude, d'y trembler de fièvre souvent, d'y
languir, d'y mourir toujours enchaîné et
scellé.

« La cale où quelquefois on mettait le
mourant qui eût trop gêné la manœuvre,
on faisait bien vite un cadavre, l'odeur
était si terrible, qu'on défaillait en y en-
trant. On y était mangé des poux.

« Les aumôniers, presque tous, étaient
des lazaristes fort durs. Ils furent les très-
cruels persécuteurs des forçats protes-

tants, épiant, entravant leurs communica-
tions, les empêchant de recevoir les cha-
rités de leurs frères, secours si nécessaires sans lesquels ils mouraient de faim.
Quiconque était surpris distribuant cet
argent devait mourir sous le bâton... Le
patient, collé sur un canon, bras et
jambes liés en dessous, attendait... Un
silence horrible se faisait. On prenait
pour bourreau un Turc des plus robustes,
qui, lui-même, pendant l'exécution,
était frappé derrière par le comite, qui
l'éreintait s'il frappait mal. Le Turc avait
en main un rondin à nœud, véritable as-
sommoir. La vue du corps supplicié

était telle, dès les premiers coups, que des galériens endurcis, malfaiteurs, meurtriers, en détournaient les yeux... Quand la peau et la chair étaient détachés des os, qu'on croyait que le patient expirait, on mettait du sel et du vinaigre sur cette chose informe qui restait. Les lazaristes traitaient presque de même des protestants qui ne pliaient pas le genou à la messe. »

On ne sortait plus des galères de Louis XIV quand une fois on y était entré. Les évasions, les délivrances se comptent. Des garçons de quinze ans, de douze ans y ramaient usqu'à la mort.

Voilà le sort qui attendait les hommes.

Les enfants étaient arrachés à leur famille, livrés aux duretés des nonnes ou de domestiques en gaîté. Ils devenaient imbéciles, ou mouraient, ou vivaient pour apprendre à maudire leurs parents.

Quant aux jeunes filles, aux femmes, on les enfermait dans des couvents où tout ce que le fanatisme des religieuses exaspérées pouvait inventer d'atroce leur était infligé, ou on les abandonnait à la promiscuité révoltante de l'*Hopital général*, véritable enfer, auprès duquel les galères même semblaient une délivrance, ou

bien on les jetait dans des prisons sans
air, où « les rats, les serpents, des in-
sectes hideux pullulaient dans les ténè-
bres. Plusieurs cachots étaient des puits
où l'eau montait en certains temps ; d'autres, le passage des latrines d'un cou-
vent, d'une ville, ou enfin une voirie où
pleuvaient les charognes, où des corrup-
tions de toute sorte, des entrailles de
bêtes, pourrissaient sous l'homme vi-
vant. »

Comment s'étonner, après ces horreurs, du flot croissant de l'émigration ?
Beaucoup restaient cachés dans les bois,
dans les montagnes des Cévennes, dans

quelques grandes villes où ils s'envelop-
paient de silence et d'obscurité, sur les
plages de l'Océan où leurs barques leur
servaient de refuge quand ils étaient
serrés de trop près.

Mais ce peuple inquiet, harcelé, toujours sur le qui vive, ne pouvait plus se
livrer aux travaux qui faisaient sa gloire
ou sa fortune et la fortune du pays. Au
dedans, ils n'avaient plus d'autre pensée
que de se faire oublier. Ceux qui réussis-
saient, à travers mille dangers, à franchir la frontière, emportaient hors de la
France leur industrie, leur génie actif et
infatigable, leur intelligence aiguisée

par la recherche et la lutte, leurs traditions de bonnes mœurs, d'austère et per-
sévérant labeur. La France perdait en
eux plus que des banquiers, des juristes,
des artistes, des savants, des industriels,
des négociants ; elle perdait ces femmes
nobles, fières , que la main du clergé
n'avait pas courbées, ces familles mo-
dèles où ne pénétrait pas l'influence
délétère du confesseur, ces consciences
intrépides, ces hommes de toute classe
qui avaient le sentiment de leur dignité
personnelle ; disons le mot, elle perdait
des citoyens et ne gardait que des sujets.

« Le 18 octobre 1685, dit M. de Félice, doit être compté au nombre des jours les plus néfastes de la France. Il l'a troublée, appauvrie, abaissée pour de longues générations.

« La politique de Henri IV, de Richelieu, de Mazarin, de Louis XIV lui-même, en fut frappée au cœur. Il n'était plus possible de conserver les alliés naturels de la France dans l'Europe protestante, lorsque le monde retentissait du lamentable cri des réformés. Le protestantisme se leva contre Louis XIV ; il trouva son chef en Guillaume d'Orange et la révolution parlementaire de 1688 (en

Angleterre) repondit à l'attentat royal de 1685.

« Moins appuyé au dehors, le pays fut plus faible au dedans. L'émigration prit des proportions immenses. Le sage Vauban écrivait, un an seulement après la révocation, que la France avait perdu cent mille habitants, soixante millions d'argent monnayé, neuf mille matelots, douze mille soldats aguerris, six cents officiers et ses manufactures les plus florissantes. Le duc de Saint-Simon dit dans ses mémoires que le commerce fut ruiné dans toutes ses branches, et le quart du royaume sensiblement dépeuplé.

« De ce moment (tous les historiens en ont fait la remarque), la fortune de Louis XIV déclina; et quelques années après, vaincu à Blenheim, à Ramillies, à Malplaquet, ce roi si heureux et si superbe dans la première moitié de son règne, demanda humblement la paix à l'Europe. Il ne l'obtint à Utrecht qu'aux plus dures conditions...

« Le prestige de la royauté fut blessé du même coup. On garda les apparences de la soumission et du respect ; mais les âmes commencèrent à se soulever contre l'omnipotence du monarque. On se demanda si les peuples doivent confier à

un seul homme, qui peut se laisser domi-
ner par une favorite, par un confesseur,
par des superstitions sottes ou par une
folle passion de gloire personnelle, tous
les droits et tous les pouvoirs. En
Angleterre, en Hollande, les libertés
populaires eurent de véhéments apolo-
gistes.

« Voilà pour le côté poiitique de la
question. Au point do vue moral et social, les édits promulgués de 1660 à
1685, les dragonnades, la révocation et
les actes qui en furent l'inévitable suite,
attaquèrent jusquo dans leurs derniers
fondements, pour deux ou trois millions

de Français, les sacrés et inviolables principes de toute société humaine : la religion, la famille, la propriété. Jamais les modernes socialistes n'ont été plus loin dans leurs théories que n'allèrent contre les réformés, Louis XIV, les jésuites, le sacerdoce catholique et la magistrature. A chacun sa part de responsabilité. »

Oui, cette responsabilité est grande devant l'histoire, et l'on peut, sans exagération, rattacher aux crimes de la révocation l'expiation sanglante de la révolution. Privée de cette élite d'hommes libres, dont quelques centaines de mille avaient été brisés par la persécution et avaient succombé sous un poids trop lourd pour leur forces, dont quelques autres centaines de mille avaient émigré, emportant une part de la sève nationale, la France se trouva tout entière, silencieuse et servile, à la merci du pouvoir absolu. Plus de contrôle, plus de résistance, plus de foyer d'indépendance. Les jésuites étaient tout, tenaient tout, et sur leurs pas s'étaient glissés la misère, l'immoralité, l'ignorance, tous les abus qui ont marqué en si douloureux caractères le dernier siècle de l'ancien régime.

L'humanité ne pouvait demeurer dans

cet étouffoir. Le peuple des réformés
avait laissé derrière lui des germes,
des exemples, des souvenirs, des idées qui
lentement couvaient sous la cendre. Les
philosophes qui avaient reçu l'étincelle
d'Angleterre, et le plus grand de tous,
Voltaire, attisèrent le feu ; le républicain Rousseau, le citoyen de la protestante Genève, y souffla la flamme de sa
passion. Ce fut bientôt un incendie qui
consuma tout le vieux monde. Il n'y eut
pas de transition : la colère, une juste
colère, emporta tout. Il manquait dans
cette tempête l'élément de raison, de
réflexion, de maturité qu'une éducation

libre et forte eût donné à la masse du peuple ; il manquait l'influence prolongée de ces millions de citoyens libres que l'observation honnête et régulière de l'édit de Nantes eût donnésà la France. Ou plutôt la tempête alors n'aurait pas mugi, n'aurait pas sévi ; ses foudres n'eussent pas répondu à un siècle d'intervalle, aux iniquités de la révocation. La France eût marché continûment et fortement dans les voies du progrès et de la liberté.

Ce qui ne s'est pas fait avec le bénéfice du temps s'est accompli, d'un coup, par un généreux transport de la nation

subitement affranchie. La Révolution
française, notre grande, notre chère,
notre glorieuse révolution, a ressaisi
d'un bond les traditions de la Réforme, a
renoué la chaîne du progrès, a fait plus
que Coligny, plus que Henri IV, plus
que l'édit de Nantes; elle a proclamé
dans un élan sublime qui ne sera plus
dépassé, les droits imprescriptibles de
l'homme.

Il n'y a plus désormais de religion
d'État. La loi respecte également toutes
les consciences, tolère tous les cultes,
protège tous les citoyens. Le rêve des
héros de la réforme, des admirables

martyrs de la liberté religieuse n'est pas seulement réalisé, il est dépassé. Les perspéctivés les plus vastes où s'égaraient audacieusement les espérances et les désirs de nos aïeux sont déchirées comme le rideau d'une scène étroite, et un horizon sans limites s'ouvre devant nos regards. A la date sinistre du 18 octobre 1685, apogée des crimes du vieux monde, opposons, avec une joyeuse reconnaissance, la date libératrice du 14 Juillet 1789, aurore d'un monde nouveau !...

BIBLIOTHÈQUE NATIONALE R.F. IMPRIMÉS

TABLE DES MATIÈRES

—

FIN DE LA TABLE

DE LA MÊME COLLECTION

DEUXIÈME SÉRIE

===

CONDITIONS DE VENTE :

Exemplaire broché . . . . . » 50

www.ingramcontent.com/pod-product-compliance
Lightning Source LLC
Chambersburg PA
CBHW052358090426
42739CB00011B/2426